A LA MÉMOIRE

DE

DOM PEDRO V

ROI DE PORTUGAL ET DES ALGARVES,

NÉ A LISBONNE LE 16 SEPTEMBRE 1837,

DÉCÉDÉ DANS LA MÊME VILLE LE 11 NOVEMBRE 1861 !!!!

Décembre 1861

A LA MÉMOIRE

DE DOM PEDRO V

ROI DE PORTUGAL ET DES ALGARVES.

A LA MÉMOIRE

DE

DOM PEDRO V

ROI DE PORTUGAL ET DES ALGARVES,

NÉ A LISBONNE LE 16 SEPTEMBRE 1837,

DÉCÉDÉ DANS LA MÊME VILLE LE 11 NOVEMBRE 1861 !!!!

Décembre 1861

A LA MÉMOIRE

DU ROI DOM PEDRO V

Sancta ergo, et salubris est cogitatio,
pro defunctis exorare.

(*Machab,* l. ɪɪ, ch. xɪɪ, 46.)

Il sortira un rejeton de la tige de Jessé, et une fleur naîtra de sa racine. (*Isaïe,* ch. xɪ, 1.)

Et l'esprit du Seigneur se reposera sur lui ; l'esprit de sagesse et d'intelligence, l'esprit de conseil et de force, l'esprit de science et de piété. (*Isaïe,* ch. xɪ, 2.)

Et il sera rempli de l'esprit de la crainte du Seigneur. Il ne jugera point sur le rapport des yeux, et il ne condamnera point sur un ouï-dire. (*Isaïe*, ch. xi, 3.)

Mais il jugera les pauvres dans la justice, et il se déclarera le juste vengeur des humbles qu'on opprime sur la terre; et il frappera la terre par la verge de sa bouche, et il tuera l'impie par le souffle de ses lèvres. (*Isaïe*, ch. xi, 4.)

La justice sera la ceinture de ses reins, et la foi le baudrier dont il sera toujours ceint. (*Isaïe*, ch. xi, 5.)

Maintenant, ô Seigneur mon Dieu, vous m'a-vez fait régner, moi qui suis votre serviteur, en

la place de David mon père ; mais je ne suis
encore qu'un enfant qui ne sait de quelle ma-
nière il se doit conduire. (*Rois,* ch. III, 7.)

Je vous supplie donc de donner à votre serviteur un cœur docile, afin qu'il puisse juger votre
peuple, et discerner entre le bien et le mal ;
car qui pourra rendre la justice à votre peuple, à ce peuple qui est si nombreux ? (*Rois,*
ch. III, 9.)

Le Seigneur agréa donc que Salomon lui eût
fait cette demande. (*Rois,* ch. III, 10.)

La sagesse est plus estimable que la force,
et l'homme prudent vaut mieux que l'homme
courageux. (*Sagesse,* ch. VI, 1.)

Elle me rendra illustre parmi les peuples, et

tout jeune que je suis, je serai honoré des vieil-
lards. (*Sagesse,* ch. VII, **10.**)

Par elle, je gouvernerai les peuples, et les na-
tions me seront soumises. (*Sagesse,* ch. VIII, **14.**)

O Dieu, vous nous avez rejetés, et vous nous
avez détruits; vous vous êtes irrité contre nous,
et vous avez eu ensuite pitié de nous. (*Psaumes
de David,* LIX, **1.**)

Vous avez fait voir et sentir à votre peuple
des choses dures; vous nous avez fait boire d'un
vin de douleur et de componction. (*Psaumes de
David,* LIX, **3.**)

Ainsi il y avait partout des morts sans nom-

bre, et tous frappés de la même mort. Ceux qui
étaient demeurés en vie ne pouvaient suffire à
ensevelir les morts, parce que ce qu'il y avait de
plus considérable dans une famille était exter-
miné en un moment. (*Ecclés.*, ch. xviii, **12.**)

L'oreille qui m'écoutait me publiait bienheu-
reux, et l'œil qui me voyait me rendait témoi-
gnage en publiant que j'avais délivré le pauvre
qui criait, et l'orphelin qui n'avait personne pour
le secourir. (*Job*, ch. xxix, **11, 12.**)

Celui qui était près de périr me comblait de
bénédictions, et je remplissais de consolation le
cœur de la veuve. (*Job*, ch. xxix, **13.**)

Le jeune époux demeurera avec la vierge son épouse..... et votre Dieu se réjouira en vous. (*Isaïe,* ch. LXII, 5.)

La femme vertueuse est un excellent partage. C'est le partage de ceux qui craignent Dieu, et elle sera donnée à un homme pour ses bonnes actions. (*Ecclésiastique,* ch. XXVI, 3.)

La femme sainte et pleine de pudeur est une grâce qui passe toute grâce. (*Ecclésiastique,* ch. XXVI, 19.)

Elle a ouvert sa main à l'indigent ; elle a étendu ses bras vers le pauvre. (*Proverbes,* XXXI, 20.)

Donnez-lui du fruit de ses mains, et que ses propres œuvres la louent dans l'assemblée des juges. (*Proverbes,* ch. XXXI, 31.)

❖

O combien est belle la race chaste, lorsqu'elle
est jointe avec l'éclat de la vertu ! Sa mémoire
est immortelle, et elle est en honneur devant
Dieu et devant les hommes. (*Sagesse*, ch. iv, 1.)

Comme le juste a plu à Dieu, il en a été
aimé, et Dieu l'a transféré d'entre les pécheurs
parmi lesquels il vivait. (*Sagesse*, ch. iv, 10.)

Car son âme était agréable à Dieu : c'est
pourquoi il s'est hâté de le tirer du milieu de
l'iniquité. Les peuples voient cette conduite sans
la comprendre, et il ne leur vient point dans la
pensée :

Que la grâce de Dieu et sa miséricorde sont

sur ses saints, et que ses regards favorables sont sur ses élus. (*Sagesse,* ch. iv, 14 et 15.)

Et il lui a été donné de se revêtir d'un fin lin d'une blancheur éclatante ; et ce fin lin, ce sont les bonnes œuvres des saints. (*Apocal.*, ch. xix, 8.)

Ayant peu vécu, il a fourni la course d'une longue vie. (*Sagesse,* ch. iv, 13.)

Pie Jesu, Domine,
Dona ei requiem sempiternam.

Jules LE SIRE.   **Jules THIEURY.**

PARIS. — IMPRIMERIE CENTRALE DE NAPOLÉON CHAIX ET Cⁱᵉ, RUE BERGÈRE, 20. — 9741.

PARIS. — IMPRIMERIE CENTRALE DE NAPOLÉON CHAIX ET C° RUE BERGÈRE, 20. — 9746